HAUTE-SANGHA. - BASSIN DU TCHAD

LES BAYAS

NOTES ETHNOGRAPHIQUES & LINGUISTIQUES

PAR

F.-J. CLOZEL

PARIS

LIBRAIRIE AFRICAINE & COLONIALE

JOSEPH ANDRÉ & Cⁱᵉ

27, Rue Bonaparte, 27

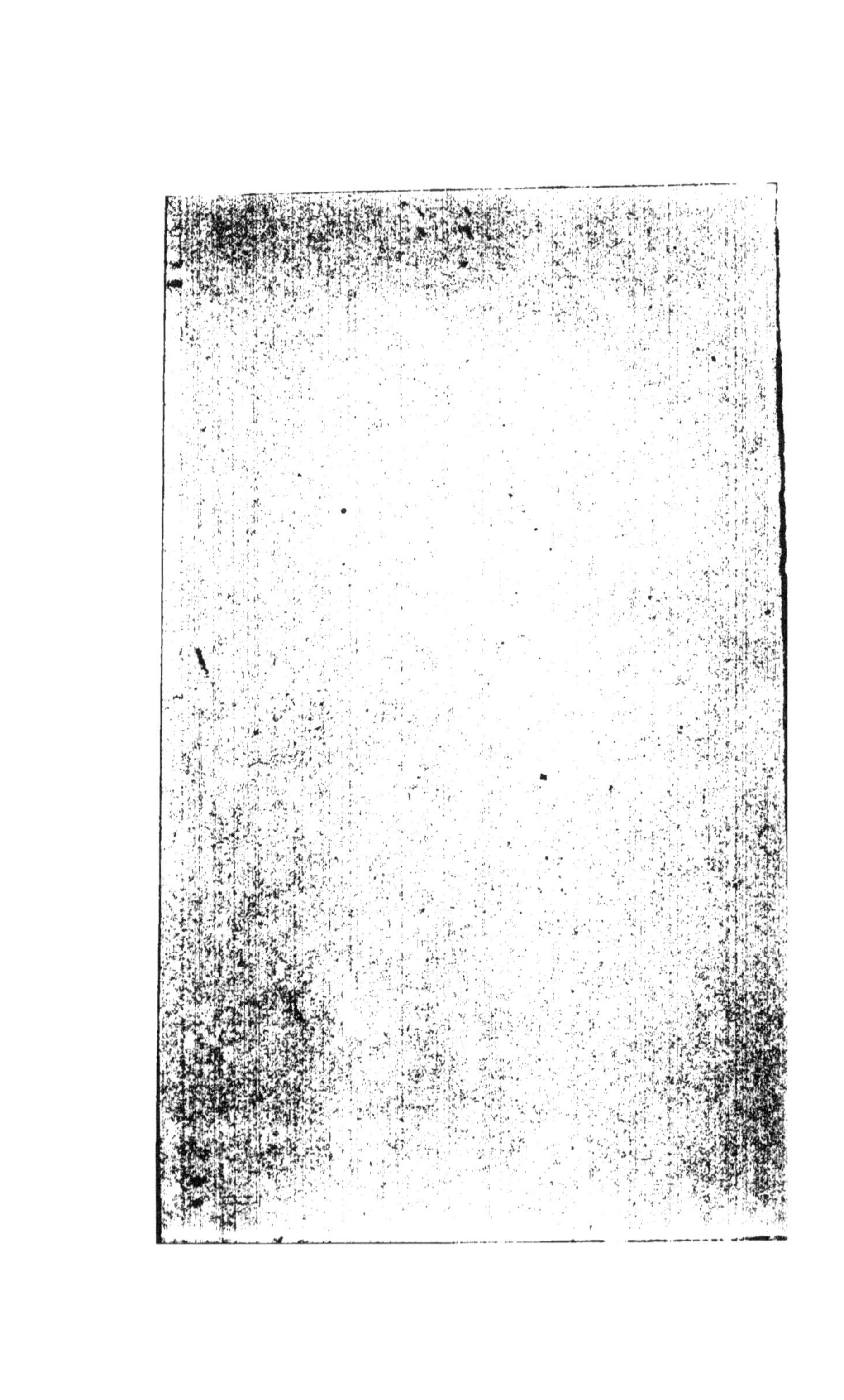

LES BAYAS

NOTES ETHNOGRAPHIQUES & LINGUISTIQUES

Beaugency, Imp. J. Laffray

LES BAYAS

NOTES ETHNOGRAPHIQUES & LINGUISTIQUES

PAR

F.-J. CLOZEL

PARIS

LIBRAIRIE AFRICAINE & COLONIALE

JOSEPH ANDRÉ & Cie

27, Rue Bonaparte, 27

1896

LES BAYAS

I

GÉOGRAPHIE — AUTRES TRIBUS. — LES MUSULMANS.

Les Bayas s'étendent vers le sud jusqu'au sommet du triangle formé par le confluent de la Kadeï et de la Mambéré (3° 33 L. N.): au nord-est leur clan le plus avancé, celui des Bagoros, est installé dans la vallée de la Wôm par environ sept degrés et demi de latitude nord et par près de 15° de longitude est du méridien de Paris.

Tant que les voyageurs allemands ne nous auront pas donné plus de détails sur l'ethnographie de l'Hinterland du Cameroun, il sera impossible d'indiquer d'une façon précise les limites occidentales des Bayas. La tribu des Mboums qui occupe les environs de Ngaoundéré paraît établie sur leur frontière nord-ouest.

Tel que nous le connaissons, le territoire des Bayas peut être représenté par un triangle d'environ 125 500 kilomètres carrés de superficie, triangle qui, sur la carte d'Afrique, doit être inscrit, le sommet tourné vers le sud, entre les troisième et septième parallèles nord, et entre les onzième et quinzième degrés de longitude est du méridien de Paris.

Tout ce pays est montagneux, modérément boisé, traversé de l'est à l'ouest par la ligne de partage des eaux qui sépare le bassin du Congo de celui du Tchad. Les diverses altitudes mesurées jusqu'à ce jour donnent pour Ngaoundéré 1,062 mètres ; 1.200 mètres pour les hauteurs d'origine volcanique qui s'élèvent au sud de Ngaoundéré, 700 mètres pour la ligne de faîte entre les deux bassins à l'endroit où la mission l'a franchie ; Koundé 920 mètres ; La Wôm chez les Ousekongos coule à une altitude le 540 mètres. Dans la partie sud du territoire nous avons 575 mètres pour Tendira, 600 mètres pour Gaza, 527 mètres à Berberati, 440 au poste de Bania et 390 pour celui de Nola au confluent de la Kadeï et de la Mambéré.

Le sol, mêlé d'argile et de sable dans les vallées, est médiocrement fertile; les quartz et les granits, ces derniers à une certaine altitude seulement, constituent l'ossature géologique du pays.

Le nœud orographique de Ngaoundéré et ses ramifications donnent naissance à de nombreux cours d'eau. Les uns, comme la Bénoué, appartiennent au bassin du Niger; d'autres, la Wôm, le Logone, font partie du réseau hydrographique du Tchad; la Bali, la Mambéré, la Kadeï rentrent dans le système congolais; enfin la Kalebina, la rivière Lôm etc... arrosent la colonie allemande du Cameroun qui possède un bassin spécial tributaire de l'Atlantique.

Sur le territoire occupé par les Bayas, ces cours d'eau, près de leurs sources et coupés par de nombreux rapides, n'ont pu, malgré leur nombre, donner lieu à une navigation active. C'est à peine si sur la Wôm, la Mambéré et la Bali, les Bayas possèdent quelques pirogues employées le plus souvent comme bacs pour passer d'une rive à l'autre lorsque ces rivières cessent d'être guéables. La configuration du sol, la position qu'ils occupent sur la ligne de partage des eaux de plusieurs bassins considérables a fait des Bayas des montagnards. Ils en ont les qualités et les défauts : vigueur physique, sobriété, endurance aux fatigues, capacité de marche, amour de l'indépendance, défiance pour tout ce qui est étranger.

Ils ne sont cependant pas originaires du pays qu'ils occupent actuellement et ont dû obéir, à une époque indéterminée, à ce grand mouvement de migration de l'est vers l'ouest qui pousse les peuplades africaines. Ils se sont assimilés ou ont détruit les anciens maîtres du sol. On peut peut-être reconnaître les seuls restes distincts de ceux-ci dans les Pandés qui, refugiés sur les îles de la Basse-Kadeï et de la Basse-Mambéré, doivent leur conservation à la position insulaire qu'ils ont adoptée et à l'infériorité des Bayas comme navigateurs.

Une migration de date plus récente, celle des Yangérés, est venue renforcer les Bayas dont ils ne diffèrent pas sensiblement et avec lesquels ils vivent en assez bonne intelligence,

Deux de leurs tribus, Yangérés Ouh-Ouh et Yangérés Ouéyé sont installées dans la vallée de la Wôm, au nord des derniers clans bayas. Leur établissement dans le pays est presque contemporain, car ce sont les Foulbés qui ont arrêté la migration de leurs tribus vers l'ouest. Or, soit que nous admettions, avec Barth, 1813 comme date de la conquête de Foumbina par les musulmans, soit qu'on adopte celle de 1826 proposée par le lieutenant de vaisseau Mizon, c'est au plus tôt vers 1830 que les musulmans de race peule ont pu être assez solidement installés dans les provinces méridionales du pays pour briser l'élan des tribus envahissantes.

Arrêtés dans leur marche vers l'ouest, les Yangérés ont laissé un de leurs clans sur le Haut-Logone, entre les montagnes de Deck et celles de Karé; le reste de leurs tribus obliqua vers le sud, fondant en cours de route des établissements dans les vallées de la Bali, de la Baya et de la Mambéré, et vint s'arrêter sur le cours inférieur de la Kadeï où ils ont constitué un clan puissant qui obéit actuellement au chef Massiepa.

Les Bayas se trouvent, eux aussi, en contact avec ces mêmes Foulbés musulmans qui ont fait obstacle à la migration des Yangérés. Mais la politique suivie par les Foulbés à leur égard s'est modifiée depuis une dizaine d'années. Après une période guerrière qui a pris fin, en partie, parce que les territoires, définitivement occupés par eux, suffisent momentanément à leur besoin d'expansion, en partie, parce que la résistance des divers clans bayas s'est trouvée trop difficile à briser, ils ont eu recours à d'autres procédés. A Koundé, à Gaza, dans la vallée de la Nana, l'action des musulmans est à peu près purement commerciale. Ce sont des négociants, haoussas ou bornouans pour la plupart, qui parcourent les territoires païens et paient au retour tribut au lamido de Ngaoundéré.

Dans la vallée de la Bali et dans celle de la Baya,¹ à la suite des expéditions d'Ardo-Aïssa, 2ᵉ lamido de Ngaoundéré, et de son neveu Bello, nombre de petits chefs païens se considèrent comme les clients du lamido de Ngaoundéré ou de quelqu'un de ses parents. Ce vasselage se traduit dans la pratique par le paiement assez irrégulier de redevances en nature et par la présence dans le pays de quelques esclaves de confiance des suzerains. Ces esclaves souvent originaires de la région, mais enlevés jeunes, parlant la langue poule, plus ou moins superficiellement convertis à l'islamisme, conseillent les chefs indigènes, font rentrer les redevances et vivent sur le pays. Leur rôle n'en est pas moins considérable et à la longue, efficace. L'étude du vocabulaire nous montrera l'infiltration commencée des mots poules dans le baya, prélude de l'infiltration des mœurs et des idées.

Les vallées de la Wôm et du Logone servent encore de passage aux ghazzias que les Foulbés envoient annuellement dans l'est, mais les Bayas se bornent à ravitailler les colonnes expéditionnaires dont tout l'effort se porte sur les Lakas qui sont des adversaires moins difficiles à battre.

Enfin aux environs mêmes de Ngaoundéré la tribu baya des Mboums est aujourd'hui alliée à la dynastie musulmane régnante et c'est elle qui fournit au lamido Abou-ben-Aïssa les dignitaires de son entourage et le plus grand nombre de ses soldats.

II

NOTES ETHNOGRAPHIQUES.

Les Bayas, sans être de très grande taille, sont forts et bien musclés; chez eux le prognathisme est moindre que chez beaucoup d'autres populations nègres; leur peau généralement noire, présente, surtout dans les familles appartenant aux classes supérieures, des teintes d'un rouge cuivré. Il est peut-être bon de noter que, dans leur langue, *Baya* signifie *rouge*, et, s'ils ont reçu d'eux-mêmes ou de leurs voisins ce nom « Les Rouges », on pourrait supposer qu'à l'époque plus ou moins lointaine de leur migration le pays était occupé par des peuplades d'une teinte moins claire que la leur. Ces peuplades soumises auraient, en se mélangeant à leurs vainqueurs, rendu plus foncée la coloration de la race qu'on ne retrouverait que chez les familles nobles demeurées plus pures que le reste du peuple.

VIE NUTRITIVE. — L'alimentation est surtout végétale ; les farineux tels que le maïs et le manioc en forment la base. Le mode de préparation de ce dernier est le suivant : les racines, après avoir été débarassées de leurs sucs vénéneux par la macération dans l'eau, sont séchées sur des claies exposées au soleil ; pour rendre l'opération plus rapide on les sépare en morceaux assez petits. Ces morceaux réduits en poudre donnent une farine très fine et très blanche susceptible de se conserver plusieurs mois pourvu qu'on la préserve de l'humidité. Pour la manger on la pétrit et on met la pâte en grosses boules que l'on fait cuire à l'eau. La farine de maïs est consommée après avoir subi la même préparation.

A ces deux bases de la nourriture viennent s'ajouter le mil, l'igname, la courge, la patate, le taro, les tubercules de l'helmie, comestibles déjà signalés par Schweinfurth chez les Bongos du bassin du Nil, l'arachide ; les huiles d'arachides, de sésame, de palme, là où l'elaïs guineensis pousse encore ; la banane presque partout, la papaye (le papayer est assez rare et a été importé dans les régions où il se trouve par les Haoussas et les Bornouans). Le petit piment est employé comme condiment. Les indigènes cultivent encore une espèce d'aubergine et deux espèces de haricots. Enfin les Bayas récoltent et mangent les fruits de certaines lianes et de certains arbres qui poussent à l'état sauvage.

Le tabac, chiqué ou fumé, est d'un emploi général. Il est cultivé dans presque tous les villages. La noix de Kola vient dans plusieurs forêts du pays, et sans l'aimer aussi passionnément que les musulmans soudanais, les indigènes en usent à l'occasion.

Une ou deux espèces de chenilles et les sauterelles constituent des mets très appréciés. Les chenilles préalablement vidées et lavées se mangent grillées.

Les cours d'eau fournissent des poissons (silures et anguilles) et une petite crevette vraiment digne de l'estime dont elle jouit.

On peut dire que tous les quadrupèdes sauvages vivant dans le pays depuis le rat jusqu'à l'éléphant sont considérés comme gibier comestible.

Les Bayas mangent également les serpents en prenant la précaution de leur trancher la tête, et les oiseaux qu'ils peuvent abattre. Ce ne sont, du reste, ni de très grands chasseurs, ni de très grands pêcheurs. La base de leur nourriture consiste dans les végétaux cultivés par eux. Cependant, à la fin de la saison sèche, ils organisent, en se réunissant à plusieurs villages, de grandes battues qu'ils favorisent en incendiant les hautes herbes.

Les seuls animaux domestiques que possèdent les Bayas, sont les chèvres, les moutons, les chiens et les poules. Tous se mangent, mais dans les grandes occasions seulement ; l'alimentation est surtout végétale et manger de la viande, quelle qu'elle soit, est toujours un luxe.

Je ne parle que pour mémoire des chevaux, des ânes et des bœufs, animaux introduits dans la région par les musulmans, qui y sont encore fort rares ailleurs que dans les environs immédiats de Ngaoundéré et que les indigènes ne possèdent qu'exceptionnellement.

Enfin tous les Bayas sont anthropophages. Ils mangent les étrangers, les
ennemis tués à la guerre et les prisonniers, peut-être aussi, dans certains
cas, leurs esclaves ; ces derniers sont du reste peu nombreux, et traités d'ordinaire avec douceur.

La victime prise à la tête et à chacun des membres par cinq hommes

Fig. 1. — Portrait du chef Ouannou, fondataire du Boudoul des Bougan-lous.
Femme des environs de Tendira et son enfant.
(Dessin de Gotorbe, d'après les photographies du D' Henn).
Extrait du *Tour du Monde* (Librairie Hachette).

armés du grand couteau de guerre est mise à mort, décapitée, coupée en
quatre quartiers dans l'espace de quelques secondes.

Toutes les viandes, celle de l'homme y comprise, se mangent bouillies.
La viande humaine est réservée aux hommes ; dans chaque famille ou dans
chaque hameau, je ne saurais préciser, il est, de plus, interdit aux femmes

de manger la viande d'un animal déterminé, soit la chèvre ou la poule, la pintade ou l'antilope, etc... Les femmes sont persuadées que si elles enfreignaient cette défense elles mourraient. L'espèce de l'animal défendu est essentiellement variable. C'est une croyance favorable à la gourmandise des hommes qui réservent ainsi pour eux seuls la viande qu'ils préfèrent.

L'eau est la boisson la plus généralement répandue, l'*elaïs guineensis* est trop rare au-dessus de Nola pour que le vin de palme soit très connu; mais les Bayas fabriquent avec de la farine de maïs ou de manioc additionnée de piment une boisson fermentée analogue aux diverses bières indigènes usitées dans presque toute l'Afrique.

Fig. 2. — Boumadoré et Bingo, chefs Bougoundous (Dessin de Gotorbe).
Extrait du *Tour du Monde* (Hachette).

Enfin, à défaut du sel marin, ils fabriquent, avec les cendres de certaines plantes, un condiment où il n'entre guère que des sels de potasse, et dont la saveur amère est peu agréable. Aussi apprécient-ils beaucoup le sel véritable importé dans le pays en petite quantité; en revanche le sucre et les aliments sucrés les laissent assez indifférents et même paraissent désagréables à certains d'entre eux.

VÊTEMENTS, PARURES. — Une ceinture faite d'une lanière en peau de serpent, large d'un centimètre à peine, ou d'une simple ficelle, est la partie du vêtement commune aux deux sexes. Les hommes y ajoutent un pagne en écorce de ficus battue et teinte en rouge brun qui est, chez les élégants, de proportions assez amples. Les chefs et les personnages d'importance adoptent volontiers l'ample boubou et le bonnet de cotonnade des musulmans soudanais. Les femmes passent dans leur ceinture deux gros bouquets de feuilles, l'un devant, l'autre derrière, qu'elles renouvellent tous les matins. Le bouquet de feuille de derrière est souvent remplacé par une plaque ovale de 25 centimètres de plus grand diamètre, en paille tressée. Depuis notre arrivée dans le pays les cotonnades européennes ont fait leur apparition, mais elles sont encore d'un usage peu répandu.

La coiffure des femmes peut se ramener à trois types principaux : le premier comporte l'emploi d'un cimier en faux cheveux haut d'une vingtaine de centimètres, épais de deux ou trois, qui, posé sur le milieu de la tête va d'une oreille à l'autre, les cheveux naturels sont rangés en côtes perpendiculaires tout autour du crâne (fig. 1). Dans la seconde, les cheveux sont également rangés en côtes dans un ordre que la deuxième figure indique suffisamment. Avec ces deux coiffures les femmes emploient souvent une sorte de pommade composée d'argile, d'huile et d'une poudre rouge faite avec le bois de roucou. La troisième coiffure comporte exclusivement l'emploi des cheveux naturels disposés en petites tresses plates sur la partie antérieure de la tête et en petits frisons au-dessus de chaque oreille et au sommet du crâne (fig. 3).

Les hommes portent les cheveux courts et dans certaines régions ils adoptent souvent une coiffure à côtes analogue à la deuxième coiffure des femmes. Coiffés de

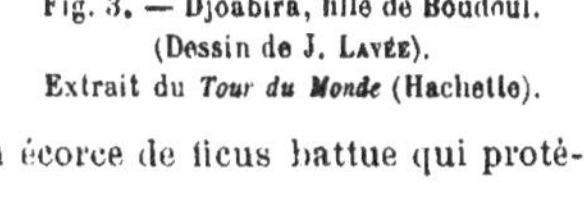

Fig. 3. — Djoabira, fille de Boudoui.
(Dessin de J. Lavée).
Extrait du *Tour du Monde* (Hachette).

la sorte, ils portent parfois un bonnet en écorce de ficus battue qui protègent leur chevelure.

Hommes et femmes ont des colliers, des bracelets aux poignets et aux chevilles ; tous ces bijoux sont en métal, fer ou cuivre. Le cuivre domine dans la vallée de la Bali où il existerait à l'état natif dans le lit de la rivière, à en croire les indigènes.

Les lobes de l'oreille, les ailes du nez et la partie médiane de la lèvre supérieure, sont en, outre percés de trous dans lesquels on passe de petits disques de bois, d'ivoire ou de métal. Enfin, dans quelques villages de la vallée de la Wôm, les femmes portent accrochés dans la lèvre inférieure des bijoux de cuivre d'une forme particulière et que je n'ai vue que là : c'est une petite plaque triangulaire en cuivre. Partout elles se piquent dans les cheveux de grandes épingles en fer et plus rarement en cuivre.

Leur costume, très primitif, ne comportant pas de poche, les Bayas les remplacent par des sacs en peaux de bêtes qui se ferment au moyen d'un coulant de métal tordu en spirale.

Les colliers et les ceintures sont parfois garnis de graines ou de baies végétales qui produisent à s'y méprendre l'effet de perles noires ou rouges.

N'est-ce pas dans cette sorte de parure qu'il faut voir la cause du succès qu'obtiennent chez les indigènes païens du Centre-Afrique les perles de verre de fabrication européenne?

J'ai parlé plus haut de la pommade à teintes rouges; deux autres couleurs, le blanc et le noir, sont employées par les Bayas. La première est couleur de deuil. J'ai vu le vieux chef Tendira, après le meurtre d'un de ses fils, se dépouiller des vêtements qu'il portait d'habitude, se couvrir le corps de farine et se rouler par terre en signe de désespoir.

Une raie de couleur blanche allant le long du bras, de l'épaule au poignet, est la marque ordinaire du deuil.

Le noir, au contraire, est une couleur de fête.

Les jeunes filles adoptent, comme toilette de noce, la peinture suivante : une raie verticle noire part du sommet du front, suit le nez et s'arrête à l'extrémité de la lèvre supérieure; d'autres raies noires sont tracées perpendiculairement sur la poitrine et sur les membres. Avant de se livrer à certaines danses les hommes se peignent à peu près de la même façon.

Hommes et femmes pratiquent le tatouage par incision. Les cicatrices ainsi obtenues sur le visage et sur le ventre, sont peu nombreuses, chez les hommes surtout, et forment rarement des dessins réguliers.

J'ai déjà parlé de la perforation des oreilles, de la lèvre supérieure et des ailes du nez, je reviendrai sur la circoncision en traitant des *labis* et de leur initiation. La circoncision des filles ne m'a pas paru exister. Chez les deux sexes, les incisives supérieures sont taillées en pointe à l'aide d'un petit couteau et d'un morceau de bois. Avec cet instrument primitif l'opérateur doit s'y reprendre à plusieurs fois et ce n'est qu'au bout de plusieurs semaines que le patient jouit enfin d'une mâchoire conforme aux caprices de la mode. Les enfants ne subissent aucune déformation crânienne.

Danses, Musique, Arts, Industrie. — Indépendamment des danses des Labis, sur lesquelles nous reviendrons en parlant de l'initiation, les hommes faits exécutent des danses de guerre et de chasse.

La première des danses guerrières, la seule dont je puisse parler *de visu*, est une sorte de marche très rythmée, exécutée par les guerriers en brandissant leurs armes et en chantant un chœur d'une assez belle allure.

Après la bataille, les vainqueurs suspendent devant eux les têtes de leurs ennemis morts, se font des colliers avec leurs entrailles et se livrent à une danse échevelée, en secouant sur leur ventre les têtes coupées. Cette danse est également accompagnée d'un chant spécial. Je dois ajouter que j'en parle d'après des témoins sérieux. mais que je ne l'ai jamais vue.

Des danses fort curieuses représentent des scènes de chasse : le coryphée se déguise alors assez ingénieusement de façon à ressembler à l'animal qu'il représente, antilope, bœuf sauvage ou éléphant, et tout en suivant le rythme

des tambours, il imite autant que possible les allures de la bête chassée.
Les femmes prennent part à ces danses de chasse en se déhanchant de leur
mieux. Lorsqu'elles dansent seules, c'est presque toujours le soir, à la lueur
de grands feux, sur la place du village, et les étrangers sont difficilement
admis à la fête qui, — si l'on en juge par l'excitation des spectateurs, —
doit finir par une orgie plus ou moins brutale. La mimique des danseuses
est toujours une variante plus ou moins réussie de cette éternelle danse
du ventre, dont le symbolisme naïf n'a pas besoin d'explication.

Fig. 4. — Case Baya (Dessin de SLOM, d'après le croquis de GÉRARDIN).
Extrait du *Tour du Monde* (Hachette).

Les instruments de musique qui accompagnent ces exercices chorégra-
phiques sont surtout des tambours; les uns tiennent le milieu, comme
dimensions et comme formes, entre nos tambours et nos grosses caisses;
ils sont portatifs; d'autres, hauts d'un mètre au moins sur trente centimètres à peine de diamètre supérieur, se terminent par un billot de bois sur
lequel on les dresse quand on veut s'en servir. Quelques trompes, en cornes
d'antilope, des sifflets, également en corne ou en bois, et le balafon, ren-
contré et décrit par tous les voyageurs en Afrique, complètent l'orchestra-
tion.

Les tam-tams de guerre sont de vastes auges de bois sur les flancs des-

quels on frappe avec des maillets garnis de caoutchouc ; une double cloche
en fer, d'environ un pied de hauteur, appartient aussi à chaque chef de
quelque importance et n'est mise en branle, comme le tam-tam, qu'en cas
d'expédition guerrière.

Les Bayas fabriquent tous ces instruments de musique, ainsi que tous
les objets dont ils se servent; mais leur industrie, comme celle de tous les
sauvages, se borne à la satisfaction de leurs besoins.

Un peu de poterie : des marmites trapues, destinées à la cuisson des aliments, et des jarres, d'une forme assez harmonieuse, qui servent de garde-
manger et d'armoire. Elles sont le plus souvent, couvertes de dessins
géométriques réguliers et, notamment dans la vallée de la Boumbéré, près
Gaza, fabriquées avec une argile brillante, qui leur donne un éclat fort joli
(fig. 4).

Fig. 5. — Un coin du hameau de Gagana (Dessin d'Oulevay).
Extrait du *Tour du Monde* (Hachette).

Le bois de leurs armes et de leurs instruments, la poignée de leurs couteaux, des jetons sculptés dans un bois très dur qui servent à une sorte de
jeu de dés, pour lequel les Bayas sont passionnés, représentent les industries
et les arts du bois.

La métallurgie est plus compliquée. Ils traitent le minerai dans des hauts-
fourneaux de terre, forgent et trempent le fer et fabriquent avec lui leurs
couteaux, les fers de leurs flèches et de leurs sagaies, sans parler des bijoux,
dont il a été question plus haut.

Les couteaux peuvent se diviser en deux catégories : les couteaux de guerre
et de parade qui se ramènent, comme forme, à trois types principaux
et des couteaux droits, à poignée de fer ou de bois, à gaîne de cuir, qui
se portent, selon leur taille, pendus au col ou attachés au poignet. Un

couteau de jet, ressemblant un peu au *trombache* de l'Oubanghi, existe aussi, mais plus rarement. Les autres armes offensives sont l'arc et les flèches à pointe de fer, barbelées mais non empennées, ce qui leur enlève de leur portée et de leur précision; les sagaies, beaucoup plus dangereuses, dont le fer travaillé adopte au moins une dizaine de formes différentes.

L'arme défensive est le bouclier, qui est toujours un ouvrage de vannerie. Haut d'un mètre dix et large de cinquante centimètres, il est renforcé par une plaque de bois, dans laquelle est creusée la poignée au milieu de la face interne, et recouvert, à l'extérieur, de dessins géométriques peints en noir.

Les fers des flèches et de lances sont quelquefois empoisonnés, mais il est possible que les Bayas aient emprunté aux Foulbés la recette et l'usage de leur poison. Depuis quelques années les fusils de traite ont également pénétré dans la partie méridionale du pays.

En dehors des armes, les Bayas fabriquent encore leurs instruments agricoles et leurs engins de pêche. Les premiers, fort rudimentaires, sont une petite houe à manche très court et un couteau droit, le *mbosso* qui sert de plantoir. Les lames de mbosso sont également employées comme unité monétaire dans les transactions de quelque importance : une femme, une chèvre, valent tant de mbossos.

Des nasses en vannerie sont l'engin de pêche le plus répandu ; aux basses eaux, les cours d'eau sont barrés, et les indigènes placent leurs nasses entre les piquets et les clayonnages qui forment les barrages. J'en aurai fini avec l'industrie du vannier après avoir cité des paniers, avec ou sans couvercle, et des corbeilles, qui servent à transporter les aliments et les récoltes.

Le travail des métaux est fait par les hommes, la vannerie et la poterie font partie de la besogne des femmes.

Vie sociale, la Famille. — La condition de la femme est la même chez eux que chez tous les peuples primitifs, mais elle n'est certes pas plus malheureuse. Djetao, la veuve de Djambala, ancien chef des Boutons, aux environs de Berberati, la femme du chef Mingué, de Boné, deux ou trois autres encore, ont su conquérir un ascendant moral indéniable et exercent sur les affaires de leur clan une réelle influence. La polygamie existe chez eux comme chez toutes les peuplades africaines, et l'influence dont je viens de parler ne peut être acquise que par la principale épouse. Celle-ci est, du reste, presque toujours la fille du chef d'un clan voisin, et les Bayas paraissent attacher une certaine importance à ces alliances. Les autres femmes proviennent généralement de la tribu même ou de rapts à la suite d'expéditions heureuses.

Bien que rien ne vienne régler, à ma connaissance, le nombre des femmes, il n'est jamais très considérable, et si l'on excepte les chefs les plus influents, un seul homme en a rarement plus de deux ou trois. Le mariage est, en somme, sauf pour les captives, un marché de gré à gré entre le futur époux et les parents de la jeune fille. La remise de celle-ci est faite d'une façon plus ou moins solennelle. Les filles se marient rarement avant 13 ou 14 ans, âge qui correspond, à peu de chose près, à celui de leur nubilité.

Je ne crois pas que l'on puisse dire que l'amour tel que le décrivent les romanciers existe chez les Bayas. C'est un sentiment compliqué et quelque peu artificiel qui me paraît difficilement compatible avec les états d'âme des primitifs. Les jeunes filles ont cependant, dans leur village, des amis d'enfance, mais j'ignore ce que sont au juste les relations des ces Chloés et de ces Daphnis noirs.

L'affection des mères pour leurs enfants est réelle et réciproque. La mère nourrit son enfant lcngtemps et le porte sur la hanche maintenu par une ceinture de peau de chèvre ou d'antilope. Dans la famille, c'est aux femmes que reviennent les soins du ménage et la préparation de la nourriture; elles prennent part également aux récoltes et à la pêche.

Les gros travaux de l'agriculture, la construction des cases sont faits en commun par les hommes d'un même village. Le moment de la récolte venu les produits du sol sont partagés sous la surveillance du chef du hameau. La propriété privée n'existe que pour la case, les ustensiles qui la meublent et pour le petit jardinet qui l'entoure. C'est dans ce jardinet que sont plantés quelques plants de tabac, des courges, des taros, des helmies et quelques autres légumes qui demandent une surveillance plus grande que les grosses récoltes de mil, de maïs, de manioc et de sésame. Les chèvres, les moutons, les poules sont également possédés privativement.

Après leur mort les femmes sont inhumées en dehors devant la porte de la case; les hommes sont enterrés dans la case même sans que celle-ci cesse d'être habitée. Faut-il voir dans cette coutume une précaution prise par la famille dans le but d'empêcher les voisins de venir déterrer leurs parents défunts pour les manger?

Les cases sont rondes avec un toit conique en chaume supporté par une muraille d'argile haute d'un mètre environ (voir fig. 4). La seule ouverture est la porte jamais plus haute que la muraille et protégée par un auvent en chaume qui l'abaisse encore, d'où l'obligation pour les habitants d'une case de rentrer chez eux à quatre pattes. Le foyer formé par trois pierres est au milieu; le mobilier, fort simple, se compose de deux lits faits d'une claie de bambous ou de bois reposant sur quatre pieds assez bas, et d'une série de ces grandes cruches en terre assez harmonieuses de forme, dont j'ai parlé plus haut. Empilées les unes sur les autres au fond de la case elles servent à la fois d'armoires, de caves et de garde-manger. A deux mètres au-dessus du sol, un faux plancher en branchages sert de grenier.

ORGANISATION POLITIQUE. — Les Bayas ne forment pas d'agglomérations considérables, mais se réunissent par groupes de cinq à quinze ou vingt cases qui s'égrènent souvent le long d'un sentier en chapelets ininterrompus de plusieurs kilomètres. Plusieurs de ces hameaux obéissent à un même chef; ces petits chefs obéissent à leur tour à un chef principal et constituent ainsi un clan. Plusieurs clans forment la tribu, mais celle-ci, bien que les indigènes aient conscience de son existence, n'existe point comme corps politique, le clan seul demeure organisé d'une façon permanente. On a vu cependant, dans diverses circonstances, un chef de clan influent grouper autour de lui la tribu entière. Le fait s'est produit chez les Bayandas lorsqu'il s'est agi de repousser les invasions foulbées.

Le pouvoir des chefs est héréditaire avec cette règle qui m'a paru primer toutes les autres, que l'héritier soit d'âge à combattre et à commander. C'est ce qui explique que le chef a plus souvent pour successeur un de ses frères qu'un de ses fils.

Le chef de clan a pour le seconder :

Son héritier s'il est parvenu à l'âge d'homme ; il porte alors le titre d'*Irma*, lieutenant, vicaire, corruption du mot haoussa *Erima* qui a le même sens ;

Un ou plusieurs *Kaïgama*, chef de guerre, corruption probable du mot bornouan *Ghaladima* ;

Un *Dogali*, intendant, orateur, interprète ; ce nom de dignité est comme les autres, emprunté aux Foulbés qui, lors de la rapide extension de leur empire, l'ont pris eux-mêmes aux Haoussas ou aux Bornouans.

Les dignités de *Derbaki*, conseiller, de *Djelao*, chambellan, sont également connues des indigènes, mais je n'ai jamais vu personne en remplir les fonctions alors que les mots qui les désignent sont fréquemment employés comme noms propres d'hommes et même de femmes.

Ainsi que je l'ai dit, tous ces noms de dignités sont empruntés aux musulmans soudanais ; comme titre vraiment baya, je ne vois guère que celui de *ouaïi* chef. Enfin dans certains clans importants de la tribu des Bayandas, les chefs portent toujours le même nom qui devient ainsi une sorte de nom propre, titre héréditaire comme ceux d'Auguste ou de César, *si parva licet componere magnis*. C'est ainsi que le chef du clan des Bouhans s'appelle *Bafio*, que ceux des clans des Bougandous et des Bourbaras se nomment toujours *Boudoul*. L'héritier présomptif prend ce nom en même temps que le pouvoir alors qu'avant son avènement il en portait un autre.

La puissance effective de tous ces chefs varie du reste avec le prestige personnel qu'ils ont su acquérir par leur force, leur adresse, ou par leur générosité. Rien de grave ne se décide sans des palabres auxquels tous les hommes libres du clan peuvent prendre part. Les chefs interviennent également pour aplanir les difficultés qui s'élèvent entre les diverses fractions d'un même clan ou même entre les divers clans d'une même tribu. Comme aux temps homériques, la cause la plus fréquente de querelle est l'enlèvement de quelque noire Hélène. Mais, comme aux temps homériques les guerriers s'invectivent aussi beaucoup plus qu'ils ne se tuent : les embuscades, les surprises sont seules à redouter : les batailles rangées à découvert, les charges répétées après une première attaque infructueuse sont des événements tellement rares que je n'en connais pas d'exemple.

Le tableau ci-contre, relatif à l'importante tribu des Bayandas qui s'étend sur plus d'un degré en latitude des environs de Berberati aux rives de la Nana, fera comprendre les relations des clans d'une même tribu entre eux et le groupement des fractions de clan.

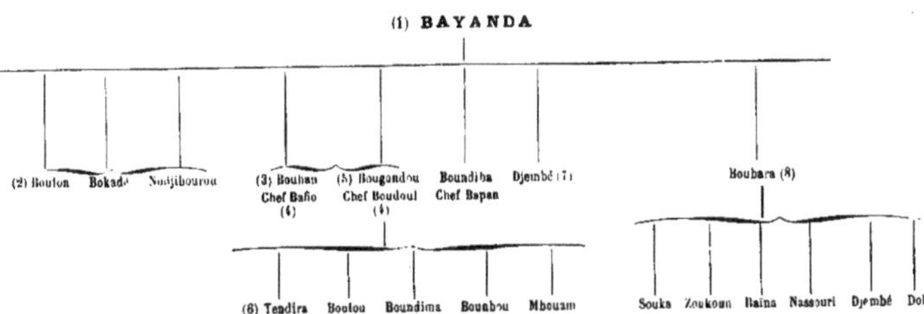

(1) Bouton, Bokadé, Nodjibourou, représentent un rameau des Bayandas; Bouhan et Bougandou en représentent un autre. Ces deux rameaux ont entre eux des alliances féminines qui resserrent la parenté lointaine résultant de leur origine première commune.

(2) Les Boutons sont établis sur la rive méridionale de la Batouri à l'extrême sud du territoire occupé par la tribu, alors que les deux autres branches de leur rameau sont installées au nord : Nodjihourou au N.-O. du confluent de la Nana et de la Mambéré. Bokadé sur la rive gauche de la Mambéré à proximité du confluent de la Nana. Nodjihourou, le plus important de ces trois clans est indépendant; les Boutons ont accepté plus ou moins ostensiblement l'hégémonie du Bafio des Bouhans et Bokadé reconnait l'autorité du Boudoul des Bayandas.

(3) Clan très important. Bafio est le personnage le plus influent de la tribu; une fraction du clan s'est révoltée contre lui sous la conduite du chef Ndoui et a émigré vers le sud sur les rives de la Kadéi.

(4) Boudoul et Bafio sont des noms propres, titres héréditaires

(5) Le clan des Bougandous, très considérable, est installé sur les rives de la Mambéré et sur le cours inférieur de la Nana.

(6) Tous ces noms sont ceux des diverses fractions des Bougandous.

(7) Le clan de Djembé resserré entre celui des Bouhans et celui des Bougandous est sans importance.

(8) Le clan des Boubaras commence sur la Mambéré en amont de celui des Bougandous et s'étend jusque sur la rive gauche de la Nana. Les six chefs dont je cite les noms commandent, sous le Boudoul, les diverses fractions du clan.

Croyances, les Labis. — Lorsqu'on étudie des peuplades sauvages et défiantes, dont l'idiome est mal connu, il est à peu près impossible d'obtenir des données précises sur leurs croyances. Il faudrait des années de séjour, la possession parfaite de la langue, pour arriver à des résultats satisfaisants. Si imparfaits, si minces que soient ceux que j'ai obtenus, je les donne à titre d'indications pour les travailleurs à venir.

Les Bayas croient à une puissance surnaturelle, qu'ils nomment *So*, et qui, d'après eux, se manifeste dans les forêts. De tous temps, les bois sacrés ont joué un rôle important dans les religions primitives. En Afrique même, les points de comparaison ne manqueraient pas. Les bois, séjours de la divinité, se retrouvent chez les Bambaras ; les Simons, secte de sorciers de la Guinée française, habitent les bois. Je pourrais multiplier les exemples, mais ce serait inutile, car il n'y a pas, actuellement, de conclusions à tirer de ces rapprochements.

Les Bayas possèdent de nombreux fétiches. Dans ceux de chaque hameau, on trouve un plan d'euphorbe. S'il n'en existait pas lorsque les indigènes sont venus s'installer, ils en plantent un pied qui, lorsque le village est ancien, atteint des proportions colossales. Ce même euphorbe fétiche se retrouve dans les hameaux des Mandjias et des Ndris, rencontrés par la mission Maistre entre l'Oubangui et le Gribingui. Parmi les fétiches protecteurs de la case, on trouve une perche surmontée d'un bouchon de paille semblable à celui qui termine la toiture de la case elle-même. J'ai pu observer un usage analogue chez les Mandjias et les Ndris, que je viens de citer.

Il me reste à parler de l'initiation. Elle dure environ deux ans ou, plus exactement peut-être, deux saisons sèches, car je crois que pendant les pluies les enfants sont renvoyés dans leurs familles.

Pendant ces épreuves, les jeunes gens portent le nom de *labis*. Leur initiation commence lorsqu'ils sont âgés de douze à treize ans et peut durer pendant trois ou quatre ans. Cette limite d'âge est presque toujours abaissée en faveur des fils de chefs ou de personnages influents ; pour eux aussi la durée de l'initiation est presque toujours réduite à une ou deux années.

Les labis vivent enfermés dans un hémicycle formé par une haie de roseaux très serrée, une des faces de l'enceinte étant occupée par la case qui leur sert de logement. La forme de cette case n'est pas ronde comme celle des autres cases des villages bayas : c'est un toit de chaume en dos d'âne tombant jusqu'à terre, où il dessine un rectangle allongé. Le mobilier se compose de quelques tambours, de dimensions variées, au son desquels dansent les labis après s'être attaché, à la ceinture, aux bras et aux cuisses, des paquets de coquilles sèches provenant d'un arbre du pays, qui rythment tous leurs mouvements avec un bruit de castagnettes. Leur danse me paraît correspondre, comme résultat, aux exercices d'assouplissement qui précèdent, chez nous, l'école du soldat. C'est une série de mouvements et de flexions exécutés avec rapidité et ensemble ; entre autres, une pose très caractéristique représente le mouvement du guerrier qui s'agenouille vivement pour s'abriter tout entier derrière un bouclier. On apprend également aux labis quelques chants ; à ce propos, certains agents, venus avant nous dans la Haute-Sangha m'ont affirmé que les labis étudient une langue sacrée,

connue des seuls initiés. Je ne sais rien qui vienne à l'appui de cette asser-
tion, rien non plus de nature à l'infirmer.

Les danses et les chansons ne constituent qu'une partie de l'initiation :
les jeunes gens doivent subir également les mutilations ethniques en usage
dans la tribu : perforation des lobes de l'oreille, des ailes du nez et de la
lèvre supérieure. Ces plaies forment, quand elles sont récentes, des bour-
souflures qui défigurent les enfants jusqu'à ce qu'une complète guérison ait
rendu à leurs traits leurs lignes naturelles. C'est peut-être là qu'il faut cher-
cher l'origine de la coutume obligeant les labis à se cacher derrière une
claie d'osier de forme rectangulaire qu'ils portent devant eux lorsqu'ils
sortent de leur collège.

La dernière des mutilations ethniques subies par les labis est la circoncision. Les jeunes circoncis ont les cheveux teints en rouge, avec du bois de
roucou, le corps entier frotté d'huile, le front ceint d'une bandelette, une
multitude de colliers ou de bracelets de perles, ou, à défaut de perles, de
graines noires et rouges qui produisent le même effet ; ils portent, en outre,
une sorte de tournure en paille très joliment tressée et, en guise de couteau
de parade, une petite massue de bois à raies longitudinales blanches, noires
et rouges. Ils vont, dans cette toilette de gala, se promener dans les hameaux du clan, où tout le monde leur fait fête. L'initiation ainsi achevée,
ils peuvent se marier, prendre part aux expéditions militaires et aux palabres ; ce sont désormais des hommes et des citoyens.

CONCLUSION

Les Bayas sont, au point de vue intellectuel et moral, supérieurs à la
généralité des tribus du littoral et du bassin moyen du Congo. Tout en ad-
mettant la polygamie, ils ont conservé des mœurs assez pures dans leur
brutalité primitive. Comme tous leurs voisins, ils sont anthropophages ;
mais, ainsi que l'a remarqué Schweinfurth à propos des Monbouttous, l'an-
thropophagie s'allie très bien à une culture et à une moralité qu'on ne
retrouve pas chez beaucoup de tribus qui manifestent la plus vertueuse hor-
reur pour la chair humaine. S'ils tuent et mangent leurs prisonniers, ils les
exécutent vite et ne se complaisent pas à prolonger leur agonie par des sup-
plices raffinés. Du reste, les nègres m'ont paru généralement beaucoup
moins brutaux que les Arabes algériens, par exemple, ou même que les
gens du peuple dans beaucoup de pays d'Europe. Ces mêmes cannibales
qui, sans hésiter, tuent un homme et le mangent ensuite sans remords, ne
frappent presque jamais leurs femmes, ni leurs enfants, ni leurs esclaves.
Ceux-ci sont, du reste, peu nombreux.

Avec les données que je possède, il m'est impossible d'évaluer le chiffre de la population baya. Je me bornerai à dire que leur pays m'a paru plus peuplé que beaucoup d'autres régions africaines.

Nous nous trouvons donc en présence d'une race relativement nombreuse, bien trempée au physique et au moral, et déjà sortie de l'anarchie primitive. La constatation est d'autant plus importante que dans un pays comme l'Afrique centrale et le Congo, où les transports sont difficiles et horriblement coûteux, les produits du sol, plutôt médiocres (1), le climat plus ou moins malsain pour les Européens, c'est seulement par les indigènes employés comme main-d'œuvre, comme force armée, comme agents politiques, que nous arriverons à préparer l'avenir, sans engager outre mesure les finances de la France.

---

(1) Il faut compter annuellement de deux à trois mille francs par tonne pour les frais de transport de la côte dans la haute Sangha. L'ivoire, seul, peut supporter un pareil fret. Les éléphants, assez nombreux jusque par environ 4°30' de latitude nord, disparaissent ensuite parce que le pays devient trop montagneux pour leur être favorable.

NOTES LINGUISTIQUES

ALPHABET

a, â

c   Ne sera employé que dans les groupes *ch*, qui doit se prononcer comme dans *chat*, et *tch*, qui n'est que la liaison du *t* et du groupe précédent.

d, dz Dza arabe.

dj   Tantôt *dj*, équivalent du Djim arabe, tantôt *di* avec l'*i* très bref, et cela suivant la lettre qui suit et l'usage des lieux.

e   *e* muet, **é, è, ê**.

f

g   Toujours dur, même devant *e* et *i*.

h   Aspirée, **h** très aspirée, équivalent du h'a arabe.

i

j

k

l

m

n

o, ô

p

r, r' Mouillée dont le son se confond presque avec celui de *l*. Cette mutation de *r* en *l* se retrouve dans la plupart des langues africaines. Faidherbe la signale dans le poular et prétend qu'elle existait chez les anciens Égyptiens. Chez les Bayas la mutation de *r* en *l* varie avec les lieux, quelquefois même avec les individus. Ils ont cependant trois prononciations distinctes : *r*, *l* et *r'*, son intermédiaire ; mais le même mot qui se prononce avec le son *r* prend quelquefois le son *l* et plus souvent encore le son intermédiaire. Cette mutation se rencontre chez les Haoussas *Ari* pour *Ali*, nom propre musulman.

s   Toujours dur, ne prend jamais le son de *z*.
t   Toujours dur, ne prend jamais le son de *s*.
u   Employé dans la diphtongue *ou*.
v
w   *W* anglais, consonne.
y   Consonne.
z

DIPHTONGUES

am, an, em, en, im, in, om, on, oa, ou. — Lorsque *m* ou *n* suivant les voyelles *a*, *o*, *i* ne formera pas diphtongue, il sera surmonté du signe ‾.

NUMÉRATION

Un	**Dan** *et* **Di.**
Deux	**Bouâ.**
Trois	**Tar.**
Quatre	**Nar.**
Cinq	**Morko.**
Six	**Dzian ga morko.**
Sept	**Dzian ga bo.**
Huit	**Dzian ga tar.**
Neuf	**Dzian ga nar.**
Dix	**Bouko.**
Onze	**Bouko ndan.**
Douze	**Bouko zana bouâ.**
etc...	
Vingt	**Bouko bouâ.**

Ainsi qu'on le voit la numération s'arrête à cinq et reprend sous la forme de un et cinq, deux et cinq, etc. Le même système existe chez beaucoup de peuplades primitives, et même chez certaines de celles-ci arrivées à un degré de culture relative, par exemple chez les Foulbés.

Les gens sachant compter plus loin que vingt sont rares, et l'on peut considérer comme à peu près inusités, les mots exprimant des nombres supérieurs, tels que *Ngoma Ndang* et *Toumaï* qui veulent dire cent et mille.

PRONOMS

1re personne : Je, moi, me **Mi.**
2e personne : Tu, toi, te **Mé.**
3e personne : Il, elle, lui **A.**

Ces pronoms sont employés également comme adjectifs possessifs.

EXEMPLE : *Yakomi*, mon frère.

Ils entrent comme affixes ou suffixes dans une foule d'expressions ; enfin ils paraissent caractériser à eux seuls la conjugaison.

EXEMPLE : *Misi*, Je m'en vais.
Mési, Tu t'en vas, vas-t'en.
Asi, Il ou elle s'en va.

NOTES GRAMMATICALES

Conjugaisons. Il n'y a pas de verbe à proprement parler. Les relations d'action, d'état, de temps, de personnes, etc., s'indiquent au moyen de particules placées avant ou après le mot qui, lui-même, reste invariable.

Genres. Il n'y a ni masculin ni féminin. Ces distinctions s'indiquent au moyen des mots *houwi* homme, et *bouko* femme, placés après le nom pour ce qui touche à l'humanité et au règne animal.

Nombres. Le pluriel ou mieux les idées de pluralité et de collectivité s'indiquent par les particules *M'*, *Ba*, *Bou*, placées avan⸱ le nom. Mais les seuls cas dans lesquels je suis certain d'avoir trouvé trace de cette forme de pluriel sont des noms de tribus ou de clans. Exemples : *Mbouri, Bouton, Bayanda, Mrà, Boumbéré, Baya, Bokaka*, etc., etc...

Particules. L'article, s'il existe, ce que je ne pense pas, les adjectifs, les pronoms, les prépositions, les conjonctions, les adverbes, formeraient une classe unique de particules qu'il faudrait subdiviser en autant de sous-classes que ces mots sont appelés à remplir de fonctions. On aurait ainsi les particules :

Du pluriel.

D'action.

D'existence et d'affirmation.

De commandement.

De négation.

De désir.

D'augmentation.

De diminution.

De distance.

De personne, etc., etc...

Euphonie. Elle joue un grand rôle dans la langue et amène de fréquentes contractions, élisions, permutations et adjonctions.

Les contractions et les élisions portent principalement sur les voyelles initiales ou finales des particules.

Les permutations portent sur certaines consonnes : celle de *l* en *r* est tellement générale que j'ai dû la signaler dans mon alphabet.

Parmi les consonnes que les Bayas font également permuter mais avec moins de fréquence que les deux précédentes, il faut citer *b* et *p*, *g* et *k*. Ces permutations résultent de différences de prononciations entre les tribus ou même les individus, ou de sons incompatibles entre eux pour les oreilles indigènes.

Les adjonctions portent sur certaines consonnes, *n* entre autres, placées entre les particules pour adoucir les liaisons.

Racines. Les racines de la langue sont monosyllabiques ; elle rentre dans la famille des langues agglutinantes. Des renseignements plus complets permettront peut-être un jour de la faire rentrer dans le groupe des langues bantous dont elle formerait dans cette partie de l'Afrique la frontière septentrionale.

NOTA : D'après les documents fournis par l'auteur et soumis à des philologues autorisés, il a été reconnu, à n'en pas douter, que la langue des Bayas appartient au groupe Bantou. — A. P.

VOCABULAIRE BAYA-FRANÇAIS

A

A.	L'idée et l'action de donnner. Exemples : *a mi*, donne-moi ; *mé a mi*, que me donnes-tu ? *mi a mina* tu ne me donnes rien.
A	Pronom personnel de la 3ᵉ personne (voir aussi *yi*).
Akendja	Chique (*pulex penetrans*).
Akouli	Devant, en avant.
Angérésé	Fer de sagaie.
Apouar	Blanc, blanche.
Ardo	Nom propre d'homme emprunté au poular. Est à propremement parler un titre plutôt qu'un nom. Les Foulbés l'emploient pour désigner l'héritier présomptif d'un souverain ou d'un chef.
Aséné	Avoir, ou mieux il ou elle a.
Ato	Il ou elle a dit.

B

Ba	Particule exprimant l'idée de pluralité ou de collectivité.
Ba	L'action de prendre.
Ba	Sacoche.
Babadja	Nom propre d'homme. Porté en 1894 par un chef habitant Boné.
Babira ou **Bapiza**	Chimpanzé.

Babouá — Nom propre d'homme. Porté en 1894 par le petit-fils de Doka, habitant près de Koundé.

Badji — Nom propre d'homme. Porté en 1894 par le chef d'un clan Yangéré, établi entre Bania et Berberati, qui a fait assassiner un Sénégalais, porteur du courrier, en 1892.

Bafa — Père.

Bafio — Nom propre d'homme. Nom propre titre héréditaire du chef du clan des Bouhañ, de la tribu des Bayandas. Le titulaire en 1894, âgé d'une soixantaine d'années, est le plus influent des chefs Bayandas. Il nous a été longtemps hostile et a fait manger à des Sénégalais de passage chez lui la viande d'un de leurs camarades qu'il avait tué la veille. Sorcier en même temps que chef politique, il possède un très grand prestige sur les indigènes. C'est lui qui a dirigé la résistance contre les invasions des Foulbés.

Baforo — Tique (insecte). Nom propre d'homme, porté en 1894, par un petit chef feudataire de Bafio.

Bagara — Faucon gris.

Bagoto — Nom propre d'homme et de femme.

Baka — Epaule.

Bakara — Camp, campement.

Bakouri — Tourterelle. Employé comme nom propre. Porté en 1894, par le chef d'un clan Yangéré.

Bali — Rivière, cours d'eau.

Bana — Marmite.

Banga — Noix de Kola

Banko — Avant-bras.

Bankoura — Compagnon.

Bano — Pintade.

Bapa — Sabre, épée

Bapáñ — Nom propre d'homme.

Bar'a — Esclave, prisonnier, otage, veut dire aussi balle (esclave du fusil).

Basiré — Sagaie. Egalement usité comme nom propre d'homme.

Bata — Front.

Batendoro — Carquois.

Baya — Rouge. Nom propre de femme. Nom général de la race.

Bayanda

Nom d'une importante tribu Baya qui s'étend depuis les environs du poste de Berberati jusque par environ 5°30' de latitude nord sur les rives de la Nana.

Bé

Epingle à cheveux, en fer.

Bé

Particule, à, par, pour, avec.

Bem

Enfant. Les Yangérés disent aussi *Boubem*. *Bemwi*, garçon, *Bem bouko*, fille, *Bem parem*, fils.

Bembé

Nom propre d'homme. Porté en 1894 par le chef du premier clan Yangéré que l'on rencontre au sud de Berberati.

Bendigarou

Fusil.

Berasou

Hier.

Béré

Herbe, bois de flèche. Nom propre d'homme porté en 1894, par le chef des Mbouris, de Gaza, gros gaillard d'une quarantaine d'années, rallié à la domination française. *Béré* employé avec le mot exprimant l'action d'aller est une périphrase polie pour exprimer la défécation. Exemple : *Midébéré*, je vais dans l'herbe, je vais au cabinet.

Bér'é

Seins.

Béré

Jetons pour le jeu.

Béri *et* **Bér'i**

Jambe.

Bétou

Pilon en bois.

Bilagoué

Nom propre de femme.

Bimboro

Coléoptère vert, à grandes antennes. Il y a à son sujet une chansonnette d'enfant qui paraît être l'équivalent de notre « hanneton vole! vole! » Elle se chante les doigts repliés et l'index tendu pour faire marcher la bestiole. En voici le texte :

> Bimboro zana mamé
> Bimboro pas
> Bimboro zana mamé
> Bimboro pas, pas
> Bimboro zana mamé
> etc., etc.

Biñga

Couteau de jet.

Bisiri

Demain.

Bitaré

Nom propre d'homme.

Bokadé Nom d'une fraction du clan des Bougandous (tribu des Bayandas).

Boké Perles bapterosses bleues et blanches.

Bonggo Maïs.

Boro *Hibiscus esculentus*, le *Gombo* des Foulbés.

Boro *et* **Bor'o** Fer, bracelet de fer. Garniture en fer du pied de la Sagaie. Employé comme nom propre d'homme.

Boso Serpe. D'où *Mboso*, nom de la monnaie de fer qui consiste généralement en lames de fer de la forme et de la dimension de la serpe en question.

Boto Panier.

Botoko Panier à couvert.

Bototo Anguille.

Bou Particule indiquant l'idée de pluralité ou de collectivité.

Boua Bleu, noir.

Bouâ Bois à brûler.

Boubara Clan de la tribu des Bayandas, établi dans la vallée de la Nana.

Boudoul Nom propre titre héréditaire porté par le chef du clan des Bougandous et par celui du clan des Boubaras.

Le Boudoul des Bougandous était, en 1894, un homme d'une trentaine d'années, doux et assez intelligent.

Celui des Boubaras, âgé d'au moins cinquante ans, avait à peu près accepté l'influence des Foulbés.

Bougandou Clan de la tribu des Bayandas, établi sur la haute Mambéré et sur la basse Nana.

Bougorita Nom propre d'homme. Porté en 1894, par le fils et héritier présomptif du chef Njéka.

Bouhañ Le clan le plus important de la tribu des Bayandas, son territoire s'étend au Nord de Berberati.

Boukendé Nom propre d'homme.

Bouko Femme.

Boukondou Pipe.

Boukou Joues.

Boula Danse. Employé comme nom propre de femme.

Boulo Pénis.

Boumadoré   Nom propre d'homme. Porté en 1894 par le chef des Boundimas.

Bombéré   Nom de clan.

Bouna   Non, ne pas, négation. Abréviation *na* employé comme affixe. *Mabouna*, rien, il n'y a rien.

Bounbou   Fraction du clan des Bougandous (tribu des Bayandas) établie au confluent de la Nana et de la Mambéré.

Boundamono   Nom de clan.

Boundiba   Clan appartenant à la tribus des Bayandas.

Boundima   Fraction du clan des Bougandous (tribus des Bayandas).

Bounga   Nom propre de femme.

Bour'ou   Guerre.

Bouri   Peau de bœuf. On prononce aussi *bari*.

Bousa   Nom sous lequel sont connus les marchands Haoussas et Bornouans. Par extension, veut dire étoffe, parce qu'ils en ont été les premiers importateurs.

Bouton   Clan de la tribu des Bayandas, établi sur la Batouri aux environs immédiats du poste de Berberati.

Boutou   Fraction des Bougandous, clan de la tribu des Bayandas.

Boum   Large. Elargir en parlant d'un sentier qu'on rend plus large en abattant les herbes à droite et à gauche.

C

Chi   L'action de partir ou de s'en aller : *mchi*, je m'en vais, je pars ; *méchi* ou *chi na dia*, vas en paix, formule polie pour congédier un visiteur.

Chiganza   Jarret.

D

Da   Calebasse.

Dadi   Garniture en caoutchouc qui maintient le fer de la flèche au bois ; le mot *ita* est employé avec le même sens.

Dafou	Tatouage.
Daï	Père, *Bidaï*, grand-père
Dago	Natte.
Day *ou* **Di**	Haricot.
Dañ	Ami.
Dana	Pont, gué, passage.
Dara Ka	Ou simplement **Ka,** tabac.
Daré	Etre malade. Veut dire mal, plaie.
Daoua	Singe.
Dédé	Bon, bien, beau, pris substantivement et adjectivement. Les idées contraires : mal, mauvais, méchant, laid, s'expriment par le même mot suivi de la particule négative *na*. On prononce *déna* et *dina*, et très rarement *dédéna ;* on dit quelquefois *dédé bouna*.
Déli	Natte.
Dem ou **bem**	Circonscription territoriale.
Dembé	Antilope.
Deñ	Lys. La fleur est employée pour des médicaments et pour des sortilèges.
Derbaki	Conseiller, lieutenant général. Mot emprunté aux Foulbés qui l'ont eux-mêmes emprunté aux Haoussas ou aux Bornouans. Sert aussi de nom propre d'homme.
Dia	Paix. *Doun dia*, faire la paix ou rester en paix, *famé na dia*, formule de salutation.
Diñ	Bouquet de feuilles ou d'herbes fraîches que les femmes attachent à leur ceinture pour cacher leurs parties sexuelles. Le même bouquet porté derrière couvre leurs fesses, se nomme alors *oua*.
Djambala	Fouet. Nom propre d'homme qui a été porté par le père de Zabou, chef du clan des Boutons (tribu des Bayandas), chef influent qui est mort en 1893.
Djanou	Nom propre d'homme. Porté en 1894 par le chef des Bokadés (clan de la tribu des Bayandas établi sur la rive gauche de la Mambéré.)
Djembé	Nom propre d'homme. Porté par le chef d'un petit clan de la tribu des Bayandas, installé entre le clan des Bouhañs et celui des Bougandous. Ce chef a été tué au commencement de 1895. Porté en 1894 par le chef feudataire du

	Boudoul des Boubaras, établi sur la rive droite de la Nana.
Djetao	Chambellan. Nom propre de dignité emprunté aux Foulbés (voir au mot *Derbaki*.) Nom propre d'homme et de femme. Porté en 1894 par le chef feudataire de Bafio et par la principale femme de Zabou, laquelle est en même temps une des veuves de son père.
Djiga	Boule de farine de manioc cuite à l'étuvée.
Djillongo	Perle en verre dite congolo au Congo français.
Djo	Chaume, paille employée à la toiture des cases.
Djoabira	Nom propre de femme.
Do	Vagin, vulve.
Dodo	Cicatrice.
Dogaï	Compagne, épouses autres que la première.
Dogali	Orateur, intendant, interprète. Nom de dignité emprunté aux Foulbés (voir au mot *Derkabi*). Nom propre d'homme.
Dôh	Sauterelle. Nom propre d'homme porté en 1894 par un chef feudataire du Boudoul des Boubaras, établi sur la rive gauche de la Nana.
Doki, Dondi, Dok-Dok	Beaucoup.
Doko	Bière de maïs.
Dolé	Termite.
Domo	Lièvre.
Don	Fruit d'une liane à caoutchouc, dont la pulpe rose ou blanche, est comestible bien que très acide.
Dongé	Piment.
Dongoro	Nom propre d'homme.
Dor'o	Flèche.
Dou	Antilope.
Dou	L'action de rester, d'attendre. S'emploie souvent avec un *n* euphonique qui donne *doun*. Exemple : *dounga*, attends; *dou sem*, même sens; *Doun bouna*, dépêche-toi, mot à mot, ne reste pas; *Doun géré*, formule de bienvenue.
Douago	Nom propre d'homme. Porté en 1894 par le Kaïgama de Massiépa.
Douko	Doigt. *Badoudoukoro*, pouce. *Gatako*, petit doigt. *Badoudounaoua*, orteil.
Dza	Couteau de guerre et de parade.
Dzala	Oreille.

Dzao mata gobrou	Clous dorés, employés comme marchandises d'échange.
Dzélé	Barbe, système pileux des autres parties du corps, les cheveux exceptés.
Dzigouzou	Perle blanche rocaille, appelée bayaka au Congo français. Ces perles portent aussi le nom de *Bafio* chez les Bougandous, probablement parce qu'ils les ont connues par l'intermédiaire de ce chef.
Dzo	Nez.
Dzougoro	Genoux.

E

Eryma	Voir *Irma*.
Engé	Voir *Ingé*.
Eye	Particule affirmative employée surtout chez les Yangérés.

F

Fari	Baigner, laver.
Fambéré	Petit vautour gris.
Fédé, fédi	Tailler les dents en pointe.
Féfé	L'idée de mort, de pourriture, de mauvaise odeur. L'action de mourrir, d'être pourri, de sentir mauvais.
Fèt	Tout, totalité.
Fon et **Fouñ**	Mil.
Foro	Eléphant.
Fou	Farine ; *fou gombo*, farine de manioc ; *fou mbisa*, farine de maïs, etc.

G

Ga	Cuivre en général. Cuivre rouge, *konga* ; laiton, *welé*.

Gadé *et* **Gadi**	Montagne. Le mot *ngato* est aussi employé dans certaines régions.
Gago	Tomate.
Gamo	Froid, avoir froid.
Ganoli	Nom propre de femme.
Gari et **Géré**	Cou.
Gasa	Grand, vaste.
Gaza	Corbeille à claire-voies. Nom propre de lieu.
Gaya	Euphorbe.
Gé	Particule interrogative et pronon interrogatif, Quoi? Qui? Qu'est-ce?
Gélimbé	Perle, connue sous le nom d'Anghezis au Congo français.
Géñ	Case ronde.
Geñdé	Pronom démonstratif.
Géné	Acheter, vendre, achat, vente etc.
Génévéré	Nom propre de femme.
Géré	Cou.
Gerko	Bras.
Gi	Mouche.
Giendiga	Nom propre d'homme. Porté en 1894 par le chef des Boutous, fraction des Bougandous établie sur la rive gauche de la Mambéré.
Gila	Fesses.
Go	Panthère.
Go	Ceinture de femme en peau de serpent.
Godembéré	Nom propre d'homme.
Godiouañ	Nom propre d'homme. Signifie « Petit chef », porté en 1894 par le frère de Bingo, chef de village sur la rive gauche de la haute Mambéré.
Goho	Serpent.
Goï	Balais.
Gon	Casser, couper, tuer.
Gonda	Papayer, papaye.
Gongérongo	Datura.
Gongoro	Racines *Gon* et *Koro,* le second *g* étant mis à la place du *k* pour l'euphonie. Celui qui frappe, qui tue avec le tonnerre. Nom propre d'homme. Avec une différence de prononciation impossible à indiquer, prend un sens obscène et pourrait se traduire très imparfaitement par « Dévirgineur. »
Goré	Coq, poule, poulet.

Goro Miel.

Gouachobo Corde, lien, filet. Nom propre d'homme. Porté en 1894 par un ancien esclave et chef de guerre de Bello, neveu du 2e lamido de Ngaoundéré. Converti à l'Islamisme, Gouachobo avait suivi son maître dans ses expéditions en pays païens. Il est resté pour représenter l'influence foulbée entre le village de Bafio et la Mambéré ; malgré l'hostilité des tribus environnantes il a réussi à se faire respecter jusqu'à notre arrivée dans le pays. Agé de plus de soixante ans, frotté de civilisation et de politique musulmanes.

Goubou Hippopotame.

Goudou Coiffure à côtes de melon ; portée par les deux sexes surtout chez les populations riveraines de la Mambéré (fig 2).

Goué Hache.

Goué, Ngoué *et* **Ingoué** L'action de vouloir. Exemples : *Mingoué*, je veux ; *Mingouina*, je ne veux pas. Sert pour exprimer le futur : *Mingoué géné*, je veux acheter, j'achèterai.

Gouikora Nom propre d'homme ; porté en 1894 par le chef du clan des Ousékongos dans la vallée de la Wôm. Racines : *Koui* et *Goré*, c'est-à-dire « œuf de poule. »

H

H'ui *et* **wi** Homme.

Héhé, hahé Pleurer.

I

I L'action de savoir. Exemples : *mi ina*, je ne sais pas ; *mi infèt*, je sais tout.

Iïna Sortilège, médicament, collier fétiche.

Iui Dent.

Iniforo	Ivoire. Littéralement « dent d'éléphant. » Employé aussi comme nom propre d'homme.
Irma	Corruption du mot haoussa *Erima*, titre porté dans les États musulmans du Soudan par l'héritier présomptif du souverain. Signifie : « Lieutenant, vicaire », équivalent du *Khalife* des Arabes, comme sens. Les Bayas l'emploient aussi comme nom propre d'homme.
Isé	Poux de tête.

K

Ka	Tabac.
Kaïgama	Chef de guerre, capitaine, chef de garde, titre d'origine haoussa ou bornouane corruption du mot *Ghaladina*. Emprunté aux Foulbés comme beaucoup d'autres titres bayas. Employé aussi comme nom propre d'homme.
Kando	Pagne d'écorce battue qui sert de vêtement aux hommes.
Kara	Exprime l'idée de fin. Assez.
Kata	Tamis.
Kédji, Kridji, Krisi	Perles, en général.
Kélé	Bouclier.
Kéréba	Nom propre de femme.
Kila	Forgeron.
Kingé	Double cloche en fer, cloche de guerre.
Ko	Main. *Zanko*, paume de la main.
Ko	Palmier rounier.
Kofé	Beau-frère.
Kombo	Brousse, forêt.
Komboutou	Nom propre de femme.
Koñ	Nombril.
Kondou	Banane, bananier:
Kondo béré	Ananas (litéralement : l'herbe banane).
Kondou bousa	Papaye et papayer (littéralement : la banane des Haoussas, ce qui tendrait à prouver que le papayer a été introduit dans le pays par les marchands musulmans venus du Nord).
Koré	Tubercule de l'helmie comestible.

Kor'i	Perdrix.
Korkota	Poux de corps.
Koro	Tonerre, tornade, pluie.
Koro	Lit.
Korondo	Danseur. Employé comme nom propre d'homme. Exemple : *Korondo Ourombodi*, vieux chef des environs de Berberati en 1894.
Kou	Racine : *Ko*, main. L'action d'apporter, de prendre : *A Kou téné*, apporte ici.
Kou et Koua	Cuisse.
Kou Goré et **Koué** ou **Koui Goré**.	Œufs de poule. Nom donné également aux perles blanches de la grosseur d'un œuf de pigeon, appelées généralement *tombo* dans le Congo français.
Kouko	Epouse, première femme.
Koukourou	Pangolin.
Koundou	Arc. *Péré Koundou*, corde de l'arc; *Té Koundou*, bois de l'arc.
Kousou	Perroquet.
Koyo	Poisson.
Kridon	Reins.

<h1 style="text-align:center">L</h1>

La	Fourmi rouge.
Labi	Initiation, circoncision, jeune gens subissant l'initiation. La racine poular *diab*, radical du verbe *diabdé*, croire, et de beaucoup d'autres termes ayant trait à la religion et aux croyances, est peut-être l'origine de ce mot.
Li	Eau, ruisseau. D'où *Bali*, rivière.
Li	Œil. *Bali*, les yeux, les deux yeux. Certains individus prononcent *ri;* on devrait peut-être écrire *r'i*. Mais le plus grand nombre prononce franchement *Li*. La différence de prononciation entre *li*, œil, et *li*, eau, n'est pas appréciable pour une oreille européenne; la prononciation serait peut-être plus brève pour *li*, eau que pour *li*, œil.
Liba	Vase en bois.

Limbé	Langue.
Liouar	Sentier, chemin. Peut être rapproché du poular *Lawol* qui a le même sens.

M

M'	Particule indiquant la pluralité ou la collectivité.
Makondou	Pipe.
Mamazouali et Mozoli	Miroir.
Masiépa	Nom propre d'homme. Porté en 1894 par le chef religieux politique et militaire d'un important clan Yangéré établi sur la rive gauche de la Kadéï.
Mba	Civette.
Mbambam	Gros, grand. Employé comme nom propre d'homme.
Mbaré	Nom propre de femme.
Mbari	Antilope.
Mbaza	Arachide.
Mbisa et Mbousa	Maïs; *fou mbisa*, farine de maïs (voir aussi *Bonggo*).
Mboû	Petite antilope brune des forêts.
Mbouri	Bouc, chèvre, chevreau. Employé aussi comme nom propre de femme. Nom propre de la tribu qui habite Gaza et ses environs.
Mé	Tu, te, toi, pronom personnel de la 2ᵉ personne, également employé comme adjectif possessif : entre ainsi comme affixe ou comme suffixe dans la composition d'une foule d'expressions : *Mété doun dédé ona*, tu vas bien; *Mété mingodi*, viens *ut te futuam; sarimé nto mendé*, comment t'appelles-tu ?
Médé	Allumer.
Mékou	Encore, littéralement « toi apporte ».
Mi	Je, me, moi. Pronom personnel de la 1ʳᵉ personne employé également comme adjectif possessif. Exemples : *Yakomi*, mon frère; *Misi*, je pars, etc.
Mikaga	Petit félin; sorte de chat-tigre ou de chat sauvage.
Mingé	Nom propre d'homme. Porté en 1894 par le chef

	de Boné sur la route de Berberati à Gaza, vieil ivrogne fort abruti, dont la première femme, imtelligente et énergique, faisait marcher le clan.
Mini	Poison de flèche ou de sagaie.
Misaye	Aujourd'hui.
Moka	Sel (peu usité).

N

Nada	Nom propre de femme.
Nadanram̄	Mante (insecte).
Nadéga	Nom propre de femme.
Nado	Milan.
Nagati	Nom propre d'homme.
Naï et Nana	Mère. *Nana*, nom propre de deux rivières, l'une affluent de la Mambéré, l'autre reconnue par la Mission Maistre chez les Mandjias, affluent du Gribingui.
	Naï est trés employé comme exclamation, exprime l'étonnement, la stupeur ; pourrait se traduire par l'expression populaire « oh ! ma mère ! »
Nanda	Haricot sec.
Nangaïmbo	Feuilles du manioc sauvage. Employé comme nom propre d'homme porté en 1894 par le chef religieux des Yangérés établis au sud de Berberati.
Nangoué	Nom de femme.
Napondo	Nom de femme.
Nari	Couleur noire employée pour la toilette. Des raies noires peintes sur le visage, sur les bras, sur le corps sont un signe de fête, de joie et de paix. Les peintures blanches, au contraire, sont les marques du deuil. A défaut de peintures les personnes affligées par la mort d'un parent se couvrent de farine.
Naringa	Gros piment rouge.
Narké	Nom propre d'homme.
Narpondo	Nom propre de femme.

Nasara Blanc, européen; emprunté aux Foulbés qui disent : *annaçara*, chrétien, et l'ont eux-mêmes emprunté à l'arabe naçara, chrétien, nazaréen.

Naso Nom propre de femme.

Nazingé Nom propre de femme.

Ndaï *et* **Ndah** Taureau, vache, bœuf, veau, génisse, etc.

Ndéré Spirale de laiton ou de fer, applatie puis roulée autour du poignet en forme de manchette. Nom propre porté par certaines tribus bayas, à rapprocher des *Ndris* du bassin de l'Ouban-gui.

Ndimba *et* **Bia** Aulacode (*Aulacodus swinderianus*) appelé *far el bous*, rat de roseau, par les Nubiens, et *Sibici* dans bas le Congo.

Ndjiga Ricin.

Ndjondjo Sorte de tomate.

Ndjondjo foro Aubergine.

Ndo Chenille épineuse, très appréciée comme co-mestible, par les femmes surtout.

Ndoué Aiguille.

Ndoui Rat. A été employé pour désigner les cobayes importés récemment par les Foulbés. Employé également comme nom propre d'homme. Porté en 1894, par un chef apppartenant au clan des Bouhañs, cousin de Bafio, à peu près du même âge, il s'est à la suite de querelles déjà ancien-nes séparé du reste du clan et, avec ses parti-sans; est allé s'établir dans le sud-ouest, vers les rives de la Kadéï. Agé d'environ soixante ans, il a, pour héritier présomptif, son fils *Narké*.

Ndouéba Gros rat de la taille d'un lapin, gibier très recher-ché.

Ndoukou Espèce de lynx gris.

Ndoumbé Arc-en-ciel.

Ndourou Flèche, pointe de flèche en fer; voir aussi *doro*.

Ndoutou Bonnet, chapeau.

Né Partir; *méné*, tu pars et pars, impératif plus énergique; *Nou*, va-t'en. De cette racine doit venir *oné*, marche, vas, et *onésem*, formule bienveillante qu'on peut rendre par « sois tranquille ».

Néné Fourmis.

Ngali
Fusil.

Ngama
Nom propre d'homme.

Ngari
Gens, les gens. Nom collectif remplaçant le pluriel, par exemple : *Ngari Boudoul*, les gens de Boudoul ; le clan de Boudoul.

Ngésé
Fruit juteux ressemblant à la nèfle du Japon.

Ngoka
Canne à sucre.

Ngoko
Nom propre de rivière. Nom propre d'homme. Porté en 1894, par le chef suprême du clan établi entre la rivière Ngoko et la rive droite de la Kadéï.

Ngomba
Nom propre de femme.

Ngombo
Coiffure droite en faux cheveux, portée uniquement par les femmes, surtout dans les environs de Berberati (fig. 1).

Ngoro
Escargot.

Ngouya
Cochon, verrat, truie, sanglier, etc...

Njéka
Nom propre d'homme. Porté en 1894 par un chef des environs de Baniah.

N'no
Couleur rouge composée par un mélange de bois rouge et d'huile, sert pour la toilette, surtout pour enduire les cheveux. Dans ce dernier cas on ajoute au mélange une certaine quantité d'argile.

N'nou
Bouche.

Nô
Huile : *nô soundou*, huile de sésame ; *nô djaoua*, huile d'arachides ; *nô ndjiga*, huile de ricin.

No
Boire. C'est probablement de cette racine que viennent les mots : *nô*, huile ; d'ou *n'nô*, couleur rouge faite avec de l'huile ; *n'ou*, bouche ; d'où *toko n'ou*, lèvres.

Nou
Terre, sol.

O

Ofano
Petit félin.

Or'a
Dormir.

Orondo
Loutre.

Oua
Oui, affirmation. S'emploie souvent à la fin des phrases pour renforcer l'expression de la pen-

sée, donne le sens du superlatif. Exemples :
dédé, bon ; *dédé oua*, très bon.

Ouâ — Bouquet de feuilles servant de vêtement aux femmes. Voir aussi *din*.

Ouañ — Chef. *Ouañ ri* et *ouañ ré*, chef de village ; *zaourou*, qui est employé avec le même sens, vient du poular.

Ouañ bourou, chef de guerre. *Ouañ der fê* chef suprême (chef de tout).

Ouañ der fêt aséné oua, y a-t-il un chef de tout le pays ?

Ouañ touâ, chef de maison.

N final s'élide souvent ; exemple : *oua rè ñdou rgga*, comment s'appelle le chef du village ?

Entre aussi dans la formation de noms propres d'hommes. Exemple : *Ouañ bio,* chef du tambour, nom porté par un chef voisin de Tchakani ; *Ouañ nou,* le chef de la terre, nom porté en 1894 par le chef de la fraction Mbouam du clan des Bougandous.

Ouara — Houe.

Ouaré — Sentier.

Ouatta — Nom propre d'homme.

Ouayo — Nom propre d'homme. Le père du chef Yangéré qui portait ce nom en 1894, était le grand chef de tous les Yangérés. Il aurait été tué par Masiépa. Lors de la campagne contre celui-ci, Ouayo nous a fourni 187 auxiliaires armés de fusils.

Ouéréré — Plante de la famille des basilies.

Ouar'a — Danser.

Ourombodi — Nom propre d'homme.

Ourou — Village. Vient évidemment du mot poular *ouro* dont les Foulbés se servent pour désigner un village d'hommes libres.

P

Pa — Couteau, couteau de bras.

Parou — Hache, voir aussi *Goué*.

Pasa	Crevettes. Elles existent dans la Batouri, dans la haute M mbéré et dans plusieurs ruisseaux de la région.
Pâté bisiri	Après demain.
Peñ	Marcher, aller, partir. Exemple : *peñ son si*, marcher devant.
Pengé	Nom propre d'homme. On dit aussi *Pengémi*.
Pèr *et* **Péré**	Fil, ficelle. En particulier le fil qui sert de ceinture aux femmes pour maintenir les deux paquets d'herbes composant leur unique vêtement.
Pété	Pain de manioc cuit à la vapeur d'eau et enveloppé de feuilles.
Piti	Poudre.
Pon	Auge, mortier.

R

Ra	Etoffe. On dit parfois *Kara* et *Gara*. Voir aussi *Bousa*.
Ré	Village. Serait le véritable mot baya ou simplement une abréviation du mot poular *ouro* dont les Bayas ont fait *ourou* en l'adoptant. Il se pourrait que les Bayas n'aient pas eu le mot pour désigner une chose qui n'existe pas à proprement parler chez eux. Leurs cases sont réunies par groupes occupés par une seule famille. Chaque groupe composé de deux à vingt cases au maximum est à quelque distance de ses voisins.

S

Sadi	Viande fraîche.
Saï	Courge.
Sambo	Arbre.
Samé	Formule de salutation.
Sami et **Samé**	Mouton, bélier, brebis, agneau.

Sarimé	Interrogation dont le sens est « comment t'appelles-tu ? » On dit aussi *Sarimé ıngé*, nomme-moi cela ? Racine probable : *Sé*.
Sé	Racine des expressions *Sarimé*, etc., et *Sizé* entendre.
Sè	Sagaye.
Sendoubéré	Gingembre.
Sengou	Concombre.
Sindou *et* **Soun dou**	Sésame.
Sisiñ	Immédiatement. De suite. Tout de suite.
So	Divinité, puissance surnaturelle. Résiderait ou se manifesterait dans les forêts.
Soé et Souéï	Soleil, d'où *soui*, midi, point culminant de la marche apparente du soleil, et *souéï*, jour.
Songou	Pirogue.
Sonsi	Front. Avant, devant.
Sora	Etoile.
Soué	Aiguille, voir aussi *Ndoué*.

T

Ta	Pierre.
Tabou	Pipe.
Tana	Tortue.
Taza	Pierre à feu, de *ta*, pierre.
Tchakani	Nom propre d'homme, porté en 1894 par un chef influent établi à mi-chemin entre Gaza et Koundé.
Tchikiri, Tékéri, Tikiri	Petit, peu.
Té	Bois, et surtout bois ouvrable, par opposition au bois à bruler. Bois de construction, poteaux, perches, fourches ; pointes de flèches en bois, bijoux de lèvres en bois.
Tékélé	Poignée de bouclier. Littéralement le bois du bouclier. Dans les boucliers d'osiers employés chez les Bayas, c'est en effet la seule partie qui soit en bois.
Tendira	Nom propre d'homme. Porté en 1894 par un petit chef du clan des Bougandous, établi sur la rive droite de la Mambéré.

Teñfo *et* **Tomfo**	Ane, ânesse, ânon.
Ti	Bois de sagaye (racine : *Té*).
Tisongou	Pagaye. Littéralement « bois de Pirogue ». Racines : *té* et *songou*.
Tôda	Cauris.
Tokonou	Lèvres.
Ton	Sel.
Tongou	Etain, bijoux de lèvre en étain.
Toro	Chien, chienne.
Touâ	Case.
Touâ mani	Fétiches de la case.
Touah	Perles dites bayakas de couleur bleue.
Toukati	Pronom démonstratif
Toumendé	Demi-calebasse.

W

Wahimbo	Feuilles de manioc bouillies. Nom propre d'homme. Porté en 1894 par le frère et héritier présomptif de Bafio.
Wandjia	Ami, amant, maîtresse.
Wouormo	Ami, camarade.

Y

Yagima	Nom propre de femme. Porté en 1894 par une fille du chef Ndoui.
Yako	Frère.
Yakobiboko	Sœur, littéralement « frère-femme. »
Yakora	Nom de maladie (probablement bronchite ou fluxion de poitrine).
Yangha	Cheval, jument, poulain, pouliche. Emplyé comme nom propre d'homme. Porté en 1894 par un chef établi sur la Batouri, entre Bania et Berberati.
Yango	Menton.
Yara	Lit, siège, et par extension natte.
Yéyé	Loin, éloigné, c'est loin. On dit *yéna* « loin non »

Yi *et* **aké**	pour : c'est près, rapproché. etc. *Yéyé* veut dire également le soir. Pronom personnel de la 3ᵉ personne, il, elle, lui, etc., également employé comme adjectif possessif son, sa, sien, Exemple : *Youra*. Il danse ! Mots chantés par le chœur à chaque rentrée du premier sujet dans certaines danses.
Yiim	Maladie, fatigue, être malade ou fatigué.
Yiina	Voir *Iïna*.
Yili	Sandales.
Yo	Filet de chasse.
Yombo	Manioc. *Fou yombo*, farine de manioc.
Yon	Manger : je mange, *miyon*.
Yon ndoui	Chat, chatte. Littéralement « mange-rat. » Nom composé donné par les indigènes aux chats qu'ils ne connaissaient pas avant notre arrivée dans le pays.

Z

Zabou	Nom propre d'homme. Porté en 1894 par le fils de Djambala ancien chef du clan des Boutons ; Kaïgama du même clan.
Zah	Arc. Expression usitée seulement chez les Yangérés.
Zara	Nom propre d'homme. Porté en 1894 par un chef établi sur la route de Koundé.
Zaria	Nom propre d'homme. Porté en 1894 par un autre chef de la route de Koundé.
Zé	Lune.
Zélé	Barbe. Désigne le système pileux en général, les cheveux exceptés.
Zi	Comprendre ; *Mésia*, comprends-tu ? *Mizina*, je ne comprends pas ; *Mizifét*, j'ai tout compris.
Zo	Voir. *Mizozo*, je vois bien, je distingue.
Zou	Cheveux.

Je ne me dissimule pas tout ce que ce travail présente d'imperfections et de lacunes, mais trois ans de voyage dans les régions inexplorées de l'Afrique centrale m'ont fait sentir toute la difficulté de rapporter des renseignements vrais et nombreux lorsqu'on n'accepte point sans contrôle les racontars d'interprètes ignorants et lorsqu'on sait se tenir en garde contre les suggestions de sa propre imagination.

Une monographie un peu complète exigerait des années de séjour dans la même tribu ; quand il s'agit de peuplades encore complètement inconnues le voyageur de bonne foi donne ce qu'il a recueilli en laissant à ceux qui le suivront le soin de compléter l'œuvre ébauchée par lui.

Les vues d'ensemble, les théories générales sur l'ethnographie et la linguistique africaines me paraissent prématurées; nous aurons rempli tout notre devoir si nous fournissons aux travailleurs du vingtième siècle des matériaux solides pour les édifier.

Pour ma part, je m'estimerai heureux si je puis tailler quelques pierres qui prendront place dans la construction future.

F.-J. CLOZEL.